# MISSION CONTROL
# 100 NASA-REGELN FÜR
# PROJEKTMANAGER

Martina Albrecht, Hannes S. Griebel, Michael Sölter

# Content

# Inhaltsverzeichnis

## Vorwort

*Dr. Michael Sölter*

1961 formulierte der amerikanischen Präsident Kennedy die Aufgabe in 10 Jahren Menschen auf den Mond und sicher zur Erde zurück zubringen. Dieses politisches Ziel wurde formuliert, ohne dass zu diesem Zeitpunkt die erforderlichen Technologien für ein solches Programm zur Verfügung standen.

Es war Aufgabe der NASA auf der Basis der Anforderungen die entsprechenden Entwicklungen anzustoßen, zu lenken und schließlich in das laufende Mond-Programm zu integrieren. Neben der Größe und dem hohen Innovationsbedarf bestimmte die große Anzahl parallel laufender Projekte die Komplexität des Programms bezüglich des notwendigen Managementaufwands. Mit dem Start des anschließenden Shuttle-Programms wiederholte sich das im Grundsatz. Allerdings kam hier nach Abschluss der Entwicklung die lange Betriebsdauer der Shuttle-Flotte mit den Besonderheiten der Wiederverwendbarkeit als positive Erfahrung zusätzlich auch im Projektmanagement zum Tragen.

Beteiligt an den Spitzenleistungen der NASA zu Beginn der 90-iger Jahre war u. a. Jerry Madden, Associate Director des Flight Projects Directorate am NASA Goddard Space Flight Center. Ihm werden die hier in der Originalsprache zitierten (http://www.altisinc.com/resources/rules/) und im Auftrag von PM POCKET ins Deutsche übersetzten „100 Regeln für NASA Projektmanager" zugeschrieben. Auf lebenskluge, bisweilen humorvolle Weise werden schwierige Themen aus dem Alltag eines Projektmanagers auf den Punkt gebracht, Anregungen zum Nachdenken gegeben und so Lehren von einer Generation von Projektmanagern an die nächste weitergegeben.

Wie sehr diese Regeln zuweilen von ihrem amerikanischen Umfeld geprägt sind, lässt sich erahnen, wenn Marty Davis, der unter Madden in Goddard gearbeitet hat, sich an eine der nicht notierten Regeln erinnert: „Erscheine früh zu allen Sitzungen, es könnte Doughnuts geben."

Zur Vereinheitlichung von Verfahren in der Raumfahrt hat die European Cooperation for Space Standardization (ECSS) in den 90-iger Jahren ein Regelwerk veröffentlicht, welches Prozesse und Begriffe international vereinheitlicht. Die darin veröffentlichten Standards stellen sicher, dass über große, international operierende Teams in der Raumfahrtindustrie hinweg das gemeinsame Verständnis von Vorgehensweisen und Begriffen sicher gestellt ist.

Der hier herausgestellte Artikel von Dr. Hannes S. Griebel befasst sich mit dem Teil ECSS-M dieses Regelwerkes, in dem es um Projektmanagement im Sinne der International Competence Baseline (ICB) der International Project Management Association (IPMA) geht.

**Dr. Michael Sölter**
Zertifizierter Senior Projektmanager IPMA Level B

Michael Sölter hat an der TU Braunschweig Maschinenbau mit Schwerpunkt Flug-mechanik studiert, um anschließend in Braunschweig im Rahmen eines Stipendiat des DLR zum Thema Manöver bis zu hohen Anstellwinkeln zu promovieren.

Durch die Tätigkeiten als Projektleiter für unbemannte Fluggeräte als auch in der Verantwortung des Deutschen Beitrags zu ANTHRORAK, einem Experimental-schrank zu Humanmedizin auf der zweiten Deutschen SPACELAB Mission, sowie der Harmonisierung der firmeninternen Raumfahrt-Forschung in Frankreich und Deutschland ergaben sich für Michael Sölter umfangreiche Erfahrungen im Bereich Programm- und Projektmanagement.

Michael Sölter ist derzeit beschäftigt als Marketing Manager bei dem Luft- und Raumfahrtkonzern EADS im Bereich Verteidigung und Sicherheit Raumfahrt. Ehrenamtlich leitet er die GPM Region Bremen und die DGLR/GPM Fachgruppe „PM in Luft- und Raumfahrt". Ferner ist er Lehrbeauftragter der TH Wildau und als Assessor der PM-Zert im Einsatz.

*Mit diesem Heft verbinden wir als Autoren die Hoffnung, Projektmanagern Anre-gungen für ihre anspruchsvolle Arbeit zu geben und Studierenden Interesse an einem Engagement in Projekten der Luft- und Raumfahrt zu vermitteln.*

## The Project Manager

**#1:** A project manager should visit everyone who is building anything for his project at least once, should know all the managers on his project (both government and contractor), and know the integration team members. People like to know that the project manager is interested in their work and the best proof is for the manager to visit them and see first hand what they are doing.

**#2:** A project manager must know what motivates the project contractors (i.e., their award system, their fiscal system, their policies, and their company culture).

**#3:** Management principles still are the same. It is just that the tools have changed. You still find the right people to do the work and get out of the way so they can do it.

**#4:** Whoever you deal with, deal fairly. Space is not a big playing field. You may be surprised how often you have to work with the same people. Better they respect you than carry a grudge.

**#5:** Vicious, despicable, or thoroughly disliked persons, gentlemen, and ladies can be project managers. Lost souls, procrastinators, and wishy-washies cannot.

**#6:** A comfortable project manager is one waiting for his next assignment or one on the verge of failure. Security is not normal to project management.

**#7:** One problem new managers face is that everyone wants to solve their problems. Old

## Der Projektmanager

*Nr. 1: Ein Projektmanager sollte jeden, der zu seinem Projekt etwas beiträgt, mindestens einmal aufsuchen. Er sollte alle Manager seines Projektes kennen – sowohl auf Auftraggeber- als auch Auftragnehmerseite, sowie die Mitglieder des gesamten Teams. Mitarbeiter schätzen es, wenn sich der Projektmanager für ihre Arbeit interessiert. Das beweist man am besten durch einen Besuch vor Ort, um aus erster Hand zu erfahren, was sie tun.*

*Nr. 2: Ein Projektmanager sollte um Motivationsfaktoren der Auftragnehmer im Projekt wie z.B. Anreizsysteme oder Finanzierungsfragen sowie um die jeweilige Unternehmenspolitik und -kultur wissen.*

*Nr. 3: Die Prinzipien des Managements sind dieselben geblieben. Es haben sich nur die Werkzeuge geändert. Man muss immer noch die richtigen Leute finden und sie dann in Ruhe arbeiten lassen.*

*Nr. 4: Mit wem Sie es auch zu tun haben, seien Sie fair. Die Raumfahrt ist kein großes Gebiet. Sie werden überrascht sein, wie oft Sie es mit denselben Leuten zu tun haben. Es ist besser, man achtet Sie als dass man Groll gegen Sie hegt.*

*Nr. 5: Projektmanager – Damen wie Herren – können durchaus bösartige, verachtenswerte oder durch und durch unbeliebte Menschen sein. Verlorene Seelen, Zauderer und Wischiwaschi-Leute eigenen sich dafür nicht.*

*Nr. 6: Ein entspannter Projektmanager wartet entweder auf seinen nächsten Einsatz oder ist im Begriff zu scheitern. Sicherheit ist kein normaler Zustand des Projektmanagements.*

*Nr. 7: Ein Problem neuer Manager ist, dass jeder ihre Probleme lösen möchte. Alteingesessenen Ma-*

managers were told by senior management—"solve your own darn problems, that is what we hired you to do."

**#8:** Running fast does not take the place of thinking for yourself. You must take time to smell the roses. For your work, you must take time to understand the consequences of your actions.

**#9:** The boss may not know how to do the work but he has to know what he wants. The boss had better find out what he expects and wants if he doesn't know. A blind leader tends to go in circles.

**#10:** Not all successful managers are competent and not all failed managers are incompetent. Luck still plays a part in success or failure but luck favors the competent hard working manager.

**#11:** Never try to get even for some slight by anyone on the project. It is not good form and it puts you on the same level as the other person and, besides, probably ends up hurting the project getting done.

**#12:** Don't get too egotistical so that you can't change your position, especially if your personnel tell you that you are wrong. You should cultivate an attitude on the project where your personnel know they can tell you of wrong decisions.

**#13:** A manager who is his own systems engineer or financial manager is one who will probably try to do open heart surgery on himself.

*nagern sagt die Betriebsleitung: „Löst Eure Probleme verdammt noch mal selbst – dafür haben wir euch schließlich eingestellt."*

*Nr. 8: Schnelles Laufen ersetzt nicht das eigene Denken. Man muss sich die Zeit nehmen, unterwegs auch an den Rosen zu riechen. In Ihrer Arbeit müssen Sie sich Zeit dafür nehmen die Folgen Ihrer Handlungen zu verstehen.*

*Nr. 9: Ein Chef versteht vielleicht nicht wie die Arbeit zu erledigen ist. Er muss aber wissen, was er will. Ein Chef sollte seine Erwartungen definieren oder seine Wünsche formulieren, denn ein blinder Anführer geht meist im Kreis.*

*Nr. 10: Nicht alle erfolgreichen Manager sind kompetent und nicht alle Manager, die versagt haben, sind inkompetent. Glück spielt immer noch eine Rolle bei Erfolg oder Versagen. Glück ist zu finden auf der Seite kompetenter und hart arbeitender Manager.*

*Nr. 11: Versuchen Sie nie Rache für eine Kränkung an einem Projektbeteiligten zu nehmen. Es steht Ihnen nicht gut zu Gesicht, denn es stellt Sie auf die gleiche Stufe mit den betreffenden Personen. Vielleicht wirkt es sich dazu noch negativ auf den Ausgang des Projektes aus.*

*Nr. 12: Werden Sie nicht zu egoistisch um Ihre Position nicht mehr ändern zu können. Dies gilt insbesondere dann wenn Ihre Mitarbeiter Ihnen zu verstehen geben, dass Sie im Unrecht sind. Sie sollten Ihren Mitarbeitern mit Ihrer Haltung signalisieren, dass man Sie auf falsche Entscheidungen aufmerksam machen darf.*

*Nr. 13: Ein Manager, der sein eigener Systemingenieur oder Finanzmanager ist, würde auch versuchen, sich selbst am offenen Herzen zu operieren.*

**#14:** Most managers succeed on the strength and skill of their staff.

## Initial Work

**#15:** The seeds of problems are laid down early. Initial planning is the most vital part of a project. The review of most failed projects or project problems indicate the disasters were well planned to happen from the start.

## Communications

**#16:** Cooperative efforts require good communications and early warning systems. A project manager should try to keep his partners aware of what is going on and should be the one who tells them first of any rumor or actual changes in plan. The partners should be consulted before things are put in final form, even if they only have a small piece of the action. A project manager who blindsides his partners will be treated in kind and will be considered a person of no integrity.

**#17:** Talk is not cheap; but the best way to understand a personnel or technical problem is to talk to the right people. Lack of talk at the right levels is deadly.

**#18:** Most international meetings are held in English. This is a foreign language to most participants such as Americans, Germans, Italians, etc. It is important to have adequate discussions so that there are no misinterpretations of what is said.

**#19:** You cannot be ignorant of the language of the area you manage or with that of areas with which you interface. Education is a must for the modern manager. There are

*Nr. 14: Der Erfolg der meisten Manager beruht auf der Stärke und den Fähigkeiten ihrer Mitarbeiter.*

## Projektvorbereitung

*Nr. 15: Die Samen von Problemen werden früh gesät. Die Startphase ist der entscheidende Teil des Projekts. Eine Auswertung der meisten fehlgeschlagenen Projekte zeigt, dass Desaster oft schon in der Planung begründet liegen.*

## Kommunikation

*Nr. 16: Zusammenarbeit erfordert eine gute Kommunikation sowie ein Frühwarnsystem. Ein Projektmanager sollte seine Partner auf dem Laufenden halten und sollte der Erste sein, der sie über Gerüchte oder echte Planänderungen in Kenntnis setzt. Die Projektpartner sollten konsultiert werden, bevor Dinge ihre endgültige Form annehmen, selbst wenn sie nur eine untergeordnete Rolle spielen werden. Ein Projektmanager, der seine Partner im Dunkeln lässt, wird in ähnlicher Weise behandelt werden und verliert seine Integrität.*

*Nr. 17: Kommunikation ist nicht billig. Der beste Weg ein personelles oder technisches Problem zu verstehen, ist immer noch mit den richtigen Leuten zu sprechen. Versäumnisse in dieser Hinsicht können einen letalen Ausgang nehmen.*

*Nr. 18: Die meisten internationalen Treffen werden auf Englisch abgehalten. Englisch ist für die meisten Teilnehmer wie Deutsche, Italiener, Franzosen usw. eine Fremdsprache. Man sollte also ausführliche Diskussionen führen, um keine Missverständnisse über das Gesagte entstehen zu lassen.*

*Nr. 19: Man sollte immer ein gewisses Verständnis derjenigen Sprache haben, die von Projektpartnern gesprochen wird. Bildung ist unabdingbar für einen modernen Manager. Es gibt einfache Trainings zum*

simple courses available to learn computer-ese, communicationese and all the rest of the modern „ese's" of the world. You can't manage if you don't understand what is being said or written.

## People

**#20:** You cannot watch everything. What you can watch is the people. They have to know you will not accept a poor job.

**#21:** We have developed a set of people whose self interest is more paramount than the work or at least it appears so to older managers. It appears to the older managers that the newer ones are more interested in form than in substance. The question is are old managers right or just old? Consider both viewpoints.

**#22:** A good technician, quality inspector, and straw boss are more important in obtaining a good product than all the paper and reviews.

**#23:** The source of most problems is people, but darned if they will admit it. Know the people working on your project to know what the real weak spots are.

**#24:** One must pay close attention to worka-holics—if they get going in the wrong direc-tion, they can do a lot of damage in a short time. It is possible to overload them and cause premature burnout but hard to de-termine if the load is too much, since much of it is self generated. It is important to make sure such people take enough time off and that the workload does not exceed 1 1/4 to 1 1/2 times what is normal.

*Erlernen von Computersprache, Kommunikation und all den anderen modernen Verständigungsmetho-den. Für Ihre Arbeit als Manager müssen Sie verste-hen, was gesagt und geschrieben wird.*

## Mitstreiter

*Nr. 20: Als Manager können Sie nicht alles im Blick behalten. Was Sie aber beobachten können, sind die Menschen. Diese Menschen sollten wissen, dass Sie keine schlechte Arbeit akzeptieren werden.*

*Nr. 21: Alteingesessenen Manager sind der Mei-nung, dass die jüngeren Leute eher an sich selbst als an der Arbeit interessiert sind. Auch scheint es diesen Managern, dass die Jüngeren mehr an der Form als am Inhalt interessiert sind. Nun stellt sich die Frage, ob die diese Manager Recht haben oder nur alt geworden sind. Man sollte beide Standpunkte berücksichtigen.*

*Nr. 22: Ein guter Techniker, Auditor und Vorarbeiter ist für die Herstellung eines guten Produktes wichti-ger als alles Papier und alle Reviews.*

*Nr. 23: Die Ursache der meisten Probleme liegt in den Menschen begründet, auch wenn diese das nie zugeben werden. Machen Sie sich mit den Mitar-beitern Ihres Projektes gut vertraut, um auch deren Schwachpunkte zu erkennen.*

*Nr. 24: Den Workaholics muss man Aufmerksamkeit schenken: Wenn diese einmal in die falsche Rich-tung marschieren, können sie innerhalb kürzester Zeit großen Schaden anrichten. Man kann sie auch überfordern und so ein Burnout herbeiführen. Es ist allerdings nicht leicht, den Punkt zu bestimmen, wann die Last zu groß wird, insbesondere weil viel davon selbst generiert wird. Sie sollten sicherstel-len, dass Ihre Leute genug Freizeit haben und deren Arbeitsbelastung nicht das 1¼ bis 1½-fache des normalen Pensums überschreitet.*

**#25:** Always try to negotiate your internal support at the lowest level. What youwant is the support of the person doing the work, and the closer you can get to him in negotiations the better.

*Nr. 25: Versuchen Sie, den internen Kontakt zur Basis zu knüpfen. Suchen Sie die Unterstützung desjenigen, der die Arbeit ausführt. Je näher Sie ihm in den Verhandlungen sind, desto besser.*

**#26:** If you have someone who doesn't look, ask, and analyze; ask them to transfer.

*Nr. 26: Haben Sie unter Ihren Leuten jemanden, der nicht schaut, fragt und analysiert, so bitten Sie ihn das Projektteam zu verlassen.*

**#27:** Personal time is very important. You must be careful as a manager that you realize the value of other people's time (i.e., the work you hand out and meetings should be necessary). You must, where possible, shield your staff from unnecessary work (i.e., some requests should be ignored or a refusal sent to the requestor).

*Nr. 27: Persönliche Zeit ist sehr wichtig. Als Manager sollten Sie den Wert der Zeit der Mitarbeiter richtig einschätzen: Arbeitsaufgaben, die Sie vergeben und Sitzungen, die Sie einberufen, sollten einer Notwendigkeit folgen. Als Manager sollten Sie Ihre Mitarbeiter nach Möglichkeit vor unnützer Arbeit schützen: Ausgewählte Anfragen könnten ignoriert oder abschlägig beschieden werden.*

**#28:** People who monitor work and don't help get it done never seem to know exactly what is going on (being involved is the key to excellence).

*Nr. 28: Leute, die Arbeit nur beaufsichtigen und nicht bei deren Erledigung helfen, wissen meist nicht genau, worum es geht. Aktive Beteiligung ist der Schlüssel zum Erfolg.*

**#29:** There is no greater motivation than giving a good person his piece of the puzzle to control, but a pat on the back or an award helps.

*Nr. 29: Es gibt keine größere Motivation als einem guten Mitarbeiter einen eigenen Zuständigkeitsbereich zuzuweisen. Auch ein Wort des Dankes oder eine Auszeichnung zeigen Wirkung.*

**#30:** It is mainly the incompetent that don't like to show off their work.

*Nr. 30: Es sind meist die inkompetenten Mitarbeiter, die ihre Arbeit nicht vorzeigen wollen.*

**#31:** There are rare times when only one man can do the job. These are in technical areas that are more art and skill than normal. Cherish these people, but get their work done as soon as possible. Getting the work done by someone else takes two or three times longer and the product is normally below standard.

*Nr. 31: Es passiert selten, dass nur eine Person eine bestimmte Tätigkeit ausführen kann. Dies bezieht sich auf technische Arbeitsfelder, die mehr Kunstfertigkeit fordern als andere. Hegen Sie solche Leute und lassen Sie diese ihre Arbeit tun. Wenn andere Leute deren Aufgaben übernehmen sollen, zieht sich das meist zwei bis drei mal länger hin und das Produkt ist womöglich auch schlechter als verlangt.*

**#32:** People have reasons for doing things the way they do them. Most people want to do a good job and, if they don't, the problem is they probably don't know how or exactly what is expected.

**#33:** If you have a problem that requires additional people to solve, you should approach putting people on like a cook who has under-salted the food.

## Reviews and Reports

**#34:** NASA has established a set of reviewers and a set of reviews. Once firmly established, the system will fight to stay alive, so make the most of it. Try to find a way for the reviews to work for you.

**#35:** The number of reviews is increasing but the knowledge transfer remains the same; therefore, all your charts and presentation material should be constructed with this fact in mind. This means you should be able to construct a set of slides that only needs to be shuffled from presentation to presentation.

**#36:** Hide nothing from the reviewers. Their reputation and yours is on the line. Expose all the warts and pimples. Don't offer excuses—just state facts.

**#37:** External reviews are scheduled at the worst possible time, therefore, keep an up-to-date set of business and technical data so that you can rapidly respond. Not having up-to-date data should be cause for dismissal.

**#38:** Never undercut your staff in public (i. e., In public meetings, don't reverse decisions on

*Nr. 32: Menschen haben Gründe bestimmte Dinge so zu tun wie sie es tun. Die meisten wollen gute Arbeit leisten. Gelingt das nicht, dann liegt es oft daran, dass sie nicht genau wissen, wie sie es tun sollen oder was genau von ihnen erwartet wird.*

*Nr. 33: Haben Sie ein Problem, zu dessen Lösung Sie mehrere Mitarbeiter einsetzen müssen, gehen Sie Schritt für Schritt vor – wie ein Koch, der das Essen zunächst zu wenig gesalzen hat.*

## Reviews und Berichte

*Nr. 34: Die NASA hat eine Gruppe von Auditoren sowie eine Reihe von Reviews etabliert. Ist ein solches System erst einmal eingerichtet, wird es selbst alles daran setzen am Leben zu bleiben. Machen Sie also das Beste daraus: Versuchen Sie herauszufinden, wie Sie diese Reviews für Ihre Arbeit nutzen können.*

*Nr. 35: Die Anzahl der Reviews steigt – der Wissenstransfer bleibt gleich. Daran sollten Sie bei der Erarbeitung von Präsentationen und Übersichten denken und für Ihre Arbeit einen Foliensatz zusammenstellen, den Sie nur von Präsentation zu Präsentation umstellen müssen.*

*Nr. 36: Verstecken Sie nichts vor den Auditoren. Es geht sowohl um deren als auch um Ihren Ruf. Zeigen Sie Schwachstellen auf. Bieten Sie nicht Ausreden an sondern Fakten.*

*Nr. 37: Externe Reviews finden immer zum denkbar ungünstigsten Zeitpunkt statt. Sie sollten deshalb einen aktuellen Satz der Geschäftszahlen und technischen Daten parat haben, so dass Sie schnell reagieren können. Daten, die nicht aktuell sind, sollten einen Kündigungsgrund darstellen.*

*Nr. 38: Stellen Sie Ihre Mitarbeiter nie öffentlich bloß: Widerrufen Sie keine Entscheidungen zu ein-*

work that you have given them to do). Even if you direct a change, never take the responsibility for implementing away from your staff.

*mal erteilten Arbeitsaufgaben in öffentlichen Zusammenkünften. Selbst wenn Sie eine Änderung herbeiführen, nehmen Sie dabei den Mitarbeitern nie die Verantwortung für die Umsetzung weg.*

**#39:** Reviews are for the reviewed an not the reviewer. The review is a failure if the reviewed learn nothing from it.

*Nr. 39: Reviews finden für diejenigen statt, die einem Review unterzogen werden, nicht für den Auditor. Reviews, aus denen die Betroffenen nichts lernen, sind ein Fehlschlag.*

**#40:** A working meeting has about six people attending. Meetings larger than this are for information transfer (management science has shown that, in a group greater than twelve, some are wasting their time).

*Nr. 40: Ein Arbeitstreffen sollte auf ca. sechs Personen begrenzt bleiben. Sitzungen mit einem größeren Teilnehmerkreis dienen nur der Informationsweitergabe: Betriebswirtschaftliche Untersuchungen haben gezeigt, dass bei Gruppen mit mehr als zwölf Teilnehmern einige davon ihre Zeit verschwenden.*

**#41:** The amount of reviews and reports are proportional to management's understanding (i. e., the less management knows or understands the activities, the more they require reviews and reports). It is necessary in this type of environment to make sure that data is presented so that the average person, slightly familiar with activities, can understand it. Keeping the data simple and clear never insults anyone's intelligence.

*Nr. 41: Die Anzahl der Reviews und Berichte verhält sich proportional zum Durchblick des Managements: Je weniger das Management über die Arbeitsabläufe weiß oder diese versteht, desto mehr Reviews und Berichte werden benötigt. In diesem Arbeitsumfeld sollten Daten so präsentiert werden, dass sie auch ein normaler Mensch, der sich einigermaßen mit dem Metier auskennt, verstehen kann. Es ist keine Beleidigung für die Intelligenz des Empfängers, wenn Sie Daten einfach und klar präsentieren*

**#42:** Managers who rely only on the paperwork to do the reporting of activities are known failures.

*Nr. 42: Manager, die sich für ihre Berichterstattung nur auf das Papier verlassen, werden früher oder später versagen.*

**#43:** Documentation does not take the place of knowledge. There is a great difference in what is supposed to be, what is thought to have happened, and reality. Documents are normally a static picture in time that get outdated rapidly.

*Nr. 43: Dokumentation ersetzt kein Wissen. Es gibt einen großen Unterschied zwischen dem, wie etwas sein sollte oder was man annimmt, was geschehen ist, und der Realität. Dokumente liefern normalerweise ein statisches Bild und dies ist sehr bald überholt.*

**#44:** Just because you give monthly reports, don't think that you can abbreviate anything

*Nr. 44: Nur weil Sie monatliche Berichte abliefern, sollten Sie nicht annehmen, das Sie irgendetwas im*

in a yearly report. If management understood the monthlies, they wouldn't need a yearly.

**#45:** Abbreviations are getting to be a pain. Each project now has a few thousand. This calls on senior management to know hundreds. Use them sparingly in presentations unless your objective is to confuse.

**#46:** Remember, it is often easier to do foolish paperwork that to fight the need for it. Fight only if it is a global issue which will save much future work.

## Contractors and Contracting

**#47:** A project manager is not the monitor of the contractor's work but is to be the driver. In award fee situations, the government personnel should be making every effort possible to make sure the contractor gets a high score (i.e., be on schedule and produce good work). Contractors don't fail, NASA does and that is why one must be proactive in support. This is also why a low score damages the government project manager as much as the contractor's manager because it means that he is not getting the job done.

**#48:** Award fee is a good tool that puts discipline both on the contractor and the government. The score given represents the status of the project as well as the management skills of both parties. The project management measurement system (PMS) should be used to verify the scores. Consistent poor scores require senior management intervention to determine the reason. Consistent good scores which are con-

*Jahresbericht verkürzen können. Würde das Management die Monatsberichte verstehen, würde es keinen Jahresbericht benötigen.*

*Nr. 45: Abkürzungen entwickeln sich langsam zur Plage. Jedes Projekt nutzt inzwischen eine unüberschaubare Fülle davon. Das Top-Management müsste also hunderte Abkürzungen kennen. Benutzen Sie Abkürzungen in Ihren Präsentationen sparsam. Es sei denn Sie möchten Verwirrung stiften.*

*Nr. 46: Bedenken Sie, dass es oft einfacher ist den dummen Papierkram zu erledigen, als gegen ihn anzugehen. Kämpfen Sie nur dann, wenn es um größere Themen geht, welche Ihnen später viel Arbeit ersparen.*

## Auftragnehmer und Auftragsvergabe

*Nr. 47: Ein Projektmanager sollte die Arbeit des Auftragnehmers nicht überwachen, sondern steuern. In einer Dienstleistungssituation sollten die Regierungsmitarbeiter sicherstellen, dass der Auftragnehmer gute Arbeit leistet, d.h. den Zeitplan einhält, ein gutes Resultat erreicht. Es sind nicht die Auftragnehmer, die versagen – die NASA versagt, weshalb eine Unterstützung proaktiv erfolgen muss. Werden schlechte Arbeitsergebnisse erzielt, so ist das genauso schädlich für den Projektmanager der Regierung wie für den Manager des Auftragnehmers, der sein Projekt nicht fertigstellen kann.*

*Nr. 48: Honorare auf Erfolgsbasis zu zahlen ist ein gutes Instrument um sowohl den Auftragnehmer als auch die Regierung zu disziplinieren. Der erreichte Projektfortschritt repräsentiert den Status des Projekts wie auch die Managementfähigkeiten beider Seiten. Das Projektreife-Mess-System (PMS) sollte dazu eingesetzt werden, das erreichte Ergebnis zu verifizieren. Durchgehend niedrige Bewertungen bedürfen einer Intervention durch das übergeordnete Management, um den Grund dafür herauszufinden.*

sistent with PMS reflect a well-run project, but if these scores are not consistent with the PMS, senior management must take action to find out why.

*Durchgehend gute Bewertungen, die mit den Ergebnissen des PMS übereinstimmen, repräsentieren ein gut geführtes Projekt. Wenn die Bewertungen jedoch nicht mit den Ergebnissen des PMS übereinstimmen, ist es Aufgabe des übergeordneten Managements nach dem Grund dafür zu suchen.*

**#49:** Morale of the contractor's personnel is important to a government manager. Just as you don't want to buy a car built by disgruntled employees, you don't want to buy flight hard ware developed by under-motivated people. You should take an active role in motivating all personnel on the project.

*Nr. 49: Die Moral des Personals auf Auftragnehmer-Seite ist von großer Bedeutung für den Regierungsmanager. So wie Sie kein von unzufriedenen Mitarbeitern gebautes Auto kaufen möchten, wollen Sie auch keine von schlecht motivierten Mitarbeitern entwickelte Flughardware erwerben. Sie sollten eine aktive Rolle bei der Motivation aller am Projekt beteiligten Personen übernehmen.*

**#50:** Being friendly with a contractor is fine— being a friend of a contractor is dangerous to your objectivity.

*Nr. 50: Sich freundlich gegenüber einem Auftragnehmer zu zeigen, ist in Ordnung – sich mit ihm anzufreunden, ist gefährlich für Ihre Objektivität.*

**#51:** Remember, your contractor has a tendency to have a one-on-one interface with your staff. Every member of your staff costs you at least one person on the contract per year.

*Nr. 51: Beachten Sie, dass auf jedes Mitglied Ihres Teams ein Mitarbeiter des Auftragnehmers entfällt. Jeder Ihrer Mitarbeiter kostet Sie also mindestens eine Person pro Vertrag und Jahr.*

**#52:** Contractors tend to size up the government counterparts and staff their part of the project accordingly. If they think yours are clunkers, they will take their poorer people to put on your project.

*Nr. 52: Auftragnehmer schauen sich die Gegenüber auf Regierungsseite genau an und besetzen ihr Projektteam entsprechend. Wenn man auf Auftragnehmerseite der Meinung ist Ihre Mitarbeiter taugen nicht viel, wird man Low Performer in Ihr Projekt entsenden.*

**#53:** Contractors respond well to the customer that pays attention to what they are doing but not too well to the customer that continually second-guesses their activity. The basic rule is a customer is always right but the cost will escalate if a customer always has things done his way instead of how the contractor planned on doing it. The ground rule is: never change a contractor's plans unless they are

*Nr. 53: Auftragnehmer reagieren positiv auf Kunden, die ihrer Arbeit Aufmerksamkeit widmen. Sie reagieren weniger positiv auf Kunden, die ständig alles besser wissen. Grundregel ist, dass der Kunde immer Recht hat. Die Kosten werden jedoch eskalieren, wenn der Kunde immer auf seinem Weg besteht, statt Pläne des Auftragnehmers zu akzeptieren. Prinzipiell gilt: Verändern Sie nie die Pläne des Auftragnehmers, es sei denn, diese sind fehlerhaft*

flawed or too costly (i. e., the old saying that better is the enemy of good).

**#54:** There is only one solution to a weak project manager in industry—get rid of him fast. The main job of a project manager in industry is to keep the customer happy. Make sure the one working with you knows that it is not flattery but on-schedule, on-cost, and a good product that makes you happy.

## Engineers and Scientists

**#55:** Over-engineering is common. Engineers like puzzles and mazes. Try to make them keep their designs simple.

**#56:** The first sign of trouble comes from the schedule or the cost curve. Engineers are the last to know they are in trouble. Engineers are born optimists.

**#57:** The project has many resources within itself. There probably are five or ten system engineers considering all the contractors and instrument developers. This is a powerful resource that can be used to attack problems.

**#58:** Many managers, just because they have the scientists under contract on their project, forget that the scientists are their customers and many times have easier access to top management than the managers do.

**#59:** Most scientists are rational unless you endanger their chance to do their experiment. They will work with you if they believe you are telling them the truth. This includes reducing their own plans.

oder zu teuer. Ein altes Sprichwort nennt das Bessere den Feind des Guten.

*Nr. 54: Bei einem schwachen Industrie-Manager gibt es nur eine Lösung – ihn schnell loszuwerden. Der wichtigste Job eines Projektmanagers in der Industrie ist es, den Kunden zufriedenzustellen. Stellen Sie sicher, dass es bei Ihnen nicht um Schmeichelei geht, sondern um Termintreue, Einhaltung des Budgets und ein gutes Produkt.*

## Ingenieure und Wissenschaftler

*Nr. 55: Unnötig komplizierte Konstruktionen sind ein allgemeines Phänomen. Ingenieure mögen Puzzle und Irrgärten. Versuchen Sie diese Ingenieure von einer einfachen Konstruktion zu überzeugen.*

*Nr. 56: Die ersten Anzeichen für Ärger werden am Zeitplan oder der Kostenkurve sichtbar. Ingenieure erkennen als letzte, dass sie ein Problem haben. Sie sind geborene Optimisten.*

*Nr. 57: Das Projekt bindet viele Ressourcen. Insgesamt kann man inkl. Auftragnehmer von fünf oder zehn Systemingenieuren ausgehen. Dies stellt eine große Kraft dar, die zur Bewältigung von Problemen eingesetzt werden kann.*

*Nr. 58: Viele Manager, die Wissenschaftler unter Vertrag haben, vergessen, dass diese Wissenschaftler ihre Kunden sind und oft einen einfacheren Zugang zum Topmanagement haben als die Manager selbst.*

*Nr. 59: Die meisten Wissenschaftler sind rational, es sei denn, Sie als Manager gefährden deren Chance ihre Experimente durchzuführen. Diese Wissenschaftler werden mit Ihnen zusammenarbeiten, solange sie der Meinung sind, dass Sie ihnen die Wahrheit sagen. Das gilt selbst dann, wenn es sich um Einschnitte in ihre eigenen Programmen handelt.*

## Hardware

**#60:** In the space business, there is no such thing as previously flown hardware. The people who build the next unit probably never saw the previous unit. There are probably minor changes (perhaps even major changes); the operational environment has probably changed; the people who check the unit out in most cases will not understand the unit or the test equipment.

**#61:** Most equipment works as built, not as the designer planned. This is due to layout of the design, poor understanding on the designer's part, or poor understanding of component specifications.

## Computers and Software

**#62:** Not using modern techniques, like computer systems, is a great mistake, but forgetting that the computer simulates thinking is a still greater mistake.

**#63:** Software has now taken on all the parameters of hardware (i.e., requirement creep, high percentage of flight mission cost, need for quality control, need for validation procedures, etc.). It has the added feature that it is hard as blazes to determine it is not flawed. Get the basic system working first and then add the bells and whistles. Never throw away a version that works even if you have all the confidence in the world that the newer version works. It is necessary to have contingency plans for software.

**#64:** Knowledge is often revised by simulations or testing, but computer models have hidden flaws not the least of which is poor input data.

## Hardware

*Nr. 60: In der Raumfahrt gibt es kein erprobtes Fluggerät. Die mit dem Bau der nächsten Komponente befassten Personen haben die vorangegangene Komponente wahrscheinlich nie zu Gesicht bekommen: Es gibt sicher kleinere oder sogar größere Änderungen, die Betriebsbedingungen sind vermutlich inzwischen anders, die mit der Prüfung befassten Personen werden meist weder die Komponenten noch die Testgeräte verstehen.*

*Nr. 61: Die meisten Geräte funktionieren so, wie sie gebaut wurden, und nicht, wie der Konstrukteur sie entworfen hat. Dies kann in der Art der Konstruktion, eines schlechten Verständnisses seitens des Konstrukteurs oder einer falschen Auslegung der Komponentenspezifikation begründet liegen*

## Computer und Software

*Nr. 62: Es ist ein großer Fehler auf moderne Techniken wie Computersysteme zu verzichten. Ein noch größerer Fehler aber ist außer Acht zu lassen, dass ein Computer das Denken nur simuliert.*

*Nr. 63: Software hat inzwischen alle Eigenschaften von Hardware übernommen wie den schleichenden Zuwachs im Projektumfang, einen hohen Prozentsatz der Kosten einer Flugmission, den Bedarf an Qualitätskontrolle und Validierungsprozeduren etc.. Außerdem ist es verdammt schwer eventuelle Schwachstellen zu erkennen. Erst einmal soll das Grundsystem funktionieren und dann sollte die Ausschmückung erfolgen. Verwerfen Sie nie eine funktionierende Version, auch wenn Sie felsenfest von der neueren Version überzeugt sind. Bei Software sind Notfallpläne immer gefragt.*

*Nr. 64: Die Aktualisierung von Wissen erfolgt durch Simulationen oder Tests. Computermodelle weisen jedoch versteckte Schwachstellen auf wie z.B. bei fehlerhaften Ausgangsdaten.*

**#65:** In olden times, engineers had hands-on experience, technicians understood how the electronics worked and what it was supposed to do, and layout technicians knew too—but today only the computer knows for sure and it's not talking.

## Senior Management, Program Offices, and Above

**#66:** Don't assume you know why senior management has done something. If you feel you need to know, ask. You get some amazing answers that will astonish you.

**#67:** Know your management—some like a good joke, others only like a joke if they tell it.

**#68:** Remember the boss has the right to make decisions. Even if you think they are wrong, tell the boss what you think but if he still wants it done his way; do it his way and do your best to make sure the outcome is successful.

**#69:** Never ask management to make a decision that you can make. Assume you have the authority to make decisions unless you know there is a document that states unequivocally that you can't.

**#70:** You and the Program Manager should work as a team. The Program Manager is your advocate at NASA HQ and must be tied into the decision makers and should aid your efforts to be tied in also.

*Nr. 65: Früher hatten die Ingenieure praktische Erfahrungen, die Techniker wussten, wie die Elektronik funktioniert und wofür sie da war, und auch die Anlagenbauer kannten ihre Systeme. Heute hat allein der Computer noch den Überblick – und der spricht nicht.*

## *Übergeordnetes Management*

*Nr. 66: Gehen Sie nicht davon aus die Gründe für Entscheidungen des übergeordneten Managements zu kennen. Wenn Sie meinen es wissen zu müssen, fragen Sie nach. Sie werden manches Mal erstaunliche Antworten erhalten.*

*Nr. 67: Sie sollten Ihr Management kennen: Einige mögen einen guten Witz, andere mögen Witze nur, wenn sie diese selbst erzählen.*

*Nr. 68: Beachten Sie, dass ein Chef die richtige Entscheidungen zu treffen hat. Sind Sie der Meinung, dass diese falsch sind, sagen Sie dem Chef, was Sie denken. Sollte er danach immer noch auf seiner Sicht der Dinge bestehen, so setzen Sie diese so um und tun Ihr Bestes für den Erfolg.*

*Nr. 69: Bitten Sie das Management nie darum eine Entscheidung zu treffen, wenn Sie dies selbst tun können. Gehen Sie davon aus, dass Sie berechtigt sind diese Entscheidung zu treffen, es sei denn Ihnen ist ein Dokument bekannt, welches Ihnen diese Berechtigung explizit abspricht.*

*Nr. 70: Sie und der Programm-Manager sollten als ein Team zusammenarbeiten. Der Programm-Manager ist Ihr Fürsprecher beim NASA Hauptquartier und muss einen Draht zu den Entscheidern haben. Er sollte Ihre Bemühungen, In die Entscheidungen mit eingebunden zu werden, unterstützen.*

**#71:** Know who the decision makers on the program are. It may be someone outside who has the ear of Congress or the Administrator, or the Associate Administrator, or one of the scientists—someone in the chain of command—whoever they are. Try to get a line of communication to them on a formal or informal basis.

*Nr. 71: Sie sollten die Entscheider im Programm kennen. Es könnte auch ein Außenstehender sein, der das Ohr des Kongresses hat, oder ein Verwalter, oder ein stellvertretender Verwalter, oder einer der Wissenschaftler – also jemand in der Befehlskette, wer auch immer das sein mag. Versuchen Sie sich mit dieser Person formell oder informell in Verbindung zu setzen.*

## Program Planning, Budgeting, and Estimating

## Programmplanung, Budgetierung und Schätzungen

**#72:** Today one must push the state of the art, be within budget, take risks, not fail, and be on time. Strangely, all these are consistent as long as the ground rules such as funding profile and schedule are established up front and maintained.

*Nr. 72: In der heutigen Zeit sollte man immer die neusten Entwicklungen berücksichtigen, das Budget einhalten, Risiken eingehen, nicht versagen und pünktlich liefern. Interessanterweise lassen sich alle diese Punkte erfüllen, wenn man die grundlegenden Rahmenbedingungen, wie Finanzierung und Zeitplan, zuerst festlegt und sich dann daran hält.*

**#73:** Most of yesteryear's projects overran because of poor estimates and not because of mistakes. Getting better estimates will not lower costs but will improve NSA's business reputation. Actually, there is a high probability that getting better estimates will increase costs and assure a higher profit to industry unless the fee is reduced to reflect lower risk on the part of industry. A better reputation is necessary in the present environment.

*Nr. 73: Die meisten Projekte der vergangenen Jahre sind nicht aufgrund von Fehlern, sondern wegen schlechter Kostenvoranschläge aus dem Ruder gelaufen. Bessere Kostenvoranschläge werden wohl kaum zu einer Kostenreduktion führen. Sie können aber das Image der NASA in wirtschaftlichen Belangen verbessern. Es ist sogar sehr wahrscheinlich, dass bessere Kostenvoranschläge die Kosten erhöhen und einen höheren Gewinn der Industrie sichern werden – es sei denn die Honorare werden reduziert, um das entsprechend niedrigere Risiko der Industriepartner mit einzupreisen. Im derzeitigen Umfeld ist ein besseres Image von Nöten.*

**#74:** All problems are solvable in time, so make sure you have enough schedule contingency—if you don't, the next project manager that takes your place will.

*Nr. 74: Man kann alle Probleme innerhalb des vorgegebene Zeitrahmens lösen. Stellen Sie sicher, dass Sie genug Reserven im Zeitplan berücksichtigen. Tun Sie dies nicht, wird dies Ihr Nachfolger sicher tun.*

**#75:** The old NASA pushed the limits of technology and science; therefore, it did not worry about requirements creep or overruns. The

*Nr. 75: Die alte NASA ist an die Grenzen der Technologie und Wissenschaft gegangen. Man sich dabei nicht um den schleichenden Zuwachs im Projek-*

new NASA has to work as if all projects are fixed price; therefore, requirement creep has become a deadly sin.

**#76:** Know the resources of your center and, if possible, other centers. Other centers, if they have the resources , are normally happy to help. It is always surprising how much good help one can get by just asking.

**#77:** Other than budget information prior to the President's submittal to Congress, there is probably no secret information on a project—so don't treat anything like it is secret. Everyone does better if they can see the whole picture so don't hide any of it from anyone.

**#78:** NASA programs compete for budget funds—they do not compete with each other (i.e., you never attack any other program or NASA work with the idea that you should get their funding). Sell what you have on its own merit.

**#79:** Next year is always the year with adequate funding and schedule. Next year arrives on the 50th year of your career.

## The Customer

**#80:** Remember who the customer is and what his objectives are (i.e., check with him when you go to change anything of significance).

*tumfang oder um Budgetüberschreitungen gesorgt. Die neue NASA muss so arbeiten, als ob sämtliche Projekte zu einem Fixpreis angeboten werden. Die schleichende Zunahme des Projektumfangs gilt inzwischen als Todsünde.*

*Nr. 76: Als Manager müssen Sie die Ressourcen Ihrer Organisation und – wenn möglich – auch der anderen kennen. Haben andere Einrichtungen die Ressourcen, die Sie benötigen, so sind diese meist auch gewillt zu helfen. Es überrascht immer wieder wie viel Unterstützung man erhalten kann, wenn man nur darum bittet.*

*Nr. 77: Es gibt es wahrscheinlich keine Geheimnisse in einem Projekt außer dem Bundeshaushalt, bevor er dem Kongress durch den Präsidenten vorgestellt wird. Seien Sie kein Geheimniskrämer. Jeder erreicht bessere Resultate, wenn er das ganze Bild kennt. Verbergen Sie also nichts vor den Projektbeteiligten.*

*Nr. 78: NASA-Programme stehen im Wettbewerb um zukünftige Gelder aus dem Bundeshaushalt. Sie stehen jedoch nicht im Wettbewerb miteinander. Greifen Sie deshalb nie ein anderes NASA-Projekt an, um deren finanzielle Mittel zu erlangen. Vermarkten Sie Ihr Projekt auf Basis eigener Meriten.*

*Nr. 79: Ausreichend finanzielle Mittel und Zeit für Ihr Projekt wird es immer erst im nächsten Jahr geben. Nur wird ein solches nächstes Jahr erst in Ihrem 50. Berufsjahr stattfinden.*

## Der Kunde

*Nr. 80: Haben Sie immer vor Augen, wer der Kunde ist und was seine Ziele sind: Reden Sie mit ihm, wenn Sie etwas Signifikantes im Projekt ändern möchten.*

## NASA Management Instructions

**#81:** NASA Management Instructions were written by another NASA employee like you; therefore, challenge them if they don't make sense. It is possible another NASA employee will rewrite them or waive them for you.

## Decision Making

**#82:** Wrong decisions made early can be recovered from. Right decisions made late cannot correct them.

**#83:** Sometimes the best thing to do is nothing. It is also occasionally the best help you can give. Just listening is all that is needed on many occasions. You may be the boss, but if you constantly have to solve someone's problems, you are working for him.

**#84:** Never make a decision from a cartoon. Look at the actual hardware or what real information is available such as layouts. Too much time is wasted by people trying to cure a cartoon whose function is to explain the principle.

## Professional Ethics and Integrity

**#85:** Integrity means your subordinates trust you.

**#86:** In the rush to get things done, it's always important to remember who you work for. Blindsiding the boss will not be to your benefit in the long run.

## Project Management and Teamwork

**#87:** Projects require teamwork to succeed.

## NASA-Managementanweisungen

*Nr. 81: NASA-Managementanweisungen wurden durch einen NASA-Mitarbeiter, wie auch Sie einer sind, verfasst. Stellen Sie diese Anweisungen also infrage, wenn sie keinen Sinn ergeben. Möglicherweise wird ein weiterer NASA-Mitarbeiter diese für Sie umschreiben oder aufheben.*

## Entscheidungen

*Nr. 82: Von früh getroffenen falschen Entscheidungen kann man sich erholen. Mit spät getroffenen richtigen Entscheidungen kann man diese nicht korrigieren.*

*Nr. 83: Zuweilen ist Nichtstun die beste Entscheidung. Manchmal ist dies auch die beste Unterstützung, die Sie geben können. Sie mögen der Chef sein, aber wenn Sie ständig die Probleme Anderer lösen müssen, arbeiten Sie faktisch für Ihre Mitarbeiter.*

*Nr. 84: Fällen Sie eine Entscheidung nie aufgrund einer Skizze. Schauen Sie sich das entsprechende Gerät oder die verfügbare Informationen an, z.B. Konstruktionszeichnungen. Es wird zu viel Zeit darauf vergeudet eine Skizze zu verbessern, deren Funktion lediglich darin besteht das Prinzip zu verdeutlichen.*

## Professionelle Ethik und Integrität

*Nr. 85: Integrität bedeutet, dass Ihre Mitarbeiter Ihnen vertrauen.*

*Nr. 86: Bei aller täglichen Hektik der Aufgabenerfüllung sollte man immer daran denken, für wen man arbeitet. Es wird Ihnen langfristig keinen Nutzen bringen einen Vorgesetzten außen vor zu lassen.*

## Projektmanagement und Teamarbeit

*Nr. 87: Erfolgreiche Projekte bedürfen der Team-*

Remember, most teams have a coach and not a boss, but the coach still has to call some of the plays.

**#88:** Never assume someone knows something or has done something unless you have asked them; even the obvious is overlooked or ignored on occasion, especially in a high stress activity.

**#89:** Whoever said beggars can't be choosers doesn't understand project management, although many times it is better to trust to luck than to get poor support.

**#90:** A puzzle is hard to discern from just one piece; so don't be surprised if team members deprived of information reach the wrong conclusion.

**#91:** Remember, the President, Congress, OMB, NASA HQ, senior center management, and your customers all have jobs to do. All you have to do is keep them all happy.

## Treating and Avoiding Failures

**#92:** In case of a failure:
a) Make a timeline of events and include every thing that is known.
b) Put down known facts. Check every theory against them.
c) Don't beat the data until it confesses (i.e., know when to stop trying to force-fit a scenario).

*carbeit. Beachten Sie, dass die meisten Teams einen Coach und keinen Chef haben. Aber auch ein Coach muss die Richtung vorgeben.*

*Nr. 88: Gehen Sie nie davon aus, dass jemand etwas weiß oder getan hat, solange Sie ihn nicht danach gefragt haben. Manchmal wird sogar das Offensichtliche übersehen oder ignoriert, insbesondere in sehr hektischen Situationen.*

*Nr. 89: Wer immer gesagt haben mag, dass Bittsteller alle Bedingungen akzeptieren müssen, hat Projektmanagement nicht verstanden. Manchmal ist es jedoch besser sich auf sein Glück zu verlassen, als schlechte Unterstützung in Anspruch zu nehmen.*

*Nr. 90: Es ist schwer von einem Teilstück auf das Ganze zu schließen. Seien Sie also nicht überrascht, dass Teammitglieder falsche Schlüsse ziehen, wenn sie nicht im Besitz aller Informationen sind.*

*Nr. 91: Denken Sie daran, dass Präsident, Kongress, Haushaltskomitee, NASA Hauptquartier, Top-Management und Ihre Kunden eigene Aufgaben zu erfüllen haben. Ihre Aufgabe als Manager ist es diese mit Ihrer Projektarbeit zufriedenzustellen.*

## Behandlung und Vermeidung von Fehlern

*Nr. 92: Im Fall eines Fehlers:*
*a) Stellen Sie einen Zeitablauf der Ihnen bekann ten Ereignisse zusammen.*
*b) Legen Sie die verfügbaren Fakten dar. Überprüfen Sie alle Theorien auf dieser Grundlage.*
*c) Versuchen Sie nicht Fakten passgerecht zu machen: Wenn ein Szenario nicht aufgeht, dann geht es nicht auf.*

d) Do not arrive at a conclusion too fast. Make sure any deviation from normal is explained. Remember the wrong conclusion is prologue to the next failure.
e) Know when to stop.

**#93:** Things that fail are lessons learned for the future. Occasionally things go right: these are also lessons learned. Try to duplicate that which works.

**#94:** Mistakes are all right but failure is not. Failure is just a mistake you can't recover from; therefore, try to create contingency plans and alternate approaches for the items or plans that have high risk.

**#95:** History is prologue. There has not been a project yet that has not had a parts problem despite all the qualification and testing done on parts. Time and being prepared to react are the only safeguards.

**#96:** Experience may be fine but testing is better. Knowing something will work never takes the place of proving that it will.

**#97:** Don't be afraid to fail or you will not succeed, but always work at your skill to recover. Part of that skill is knowing who can help.

**#98:** One of the advantages of NASA in the early days was the fact that everyone knew that the facts we were absolutely sure of could be wrong.

*d) Ziehen Sie keine voreiligen Schlussfolgerungen. Stellen Sie sicher, dass jede Abweichungen von der Norm erklärt wird. Bedenken Sie, dass falsche Schlussfolgerungen den nächsten Fehler nach sich ziehen.*
*e) Erkennen Sie, wann es Zeit ist aufzuhören.*

***Nr. 93:*** *Dinge, die schief laufen, sind Lehren für die Zukunft. Wenn Dinge funktionieren, dann sind das auch Lehren. Versuchen Sie das, was funktioniert, zu wiederholen.*

***Nr. 94:*** *Fehler sind akzeptabel, Versagen hingegen nicht. Versagen ist ein Fehler, von dem man sich womöglich nicht mehr erholen kann. Daher sollten Sie für diejenigen Punkte oder Pläne, die ein hohes Risiko bergen, Notfallkonzepte sowie alternative Herangehensweisen erarbeiten.*

***Nr. 95:*** *Die Geschichte hat es gezeigt: Bisher gab es noch kein einziges Projekt, in dem es nicht ein Problem mit den Einzelteilen gab, ungeachtet aller Spezifikationen und Tests, die für die Teile erstellt oder an ihnen durchgeführt wurden. Da hilft nur Zeit und die Bereitschaft auf eine solche Situation zu reagieren.*

***Nr. 96:*** *Erfahrung ist die eine Sache – Tests sind besser. Das Wissen, dass etwas funktionieren wird, ersetzt niemals den Beweis, dass es dies auch tut.*

***Nr. 97:*** *Haben Sie keine Angst zu versagen, sonst werden Sie nie Erfolg haben. Arbeiten Sie immer an Ihren Fähigkeiten sich von einem Rückschlag zu erholen. Teil dieser Fähigkeit ist das Wissen, wer helfen kann.*

***Nr. 98:*** *Einer der Vorteile der NASA der frühen Tage war der Umstand, dass diejenigen Fakten, von denen wir absolut sicher waren, das sie richtig waren, falsch sein konnten.*

**#99:** Redundancy in hardware can be a fiction. We are adept at building things to be identical so that if one fails, the other will also fail. Make sure all hardware is treated in a build as if it were one of a kind and needed for mission success.

**#100:** Never make excuses; instead, present plans of actions to be taken.

*Nr. 99: Redundanz in der Hardware kann sich als ein Trugschluss herausstellen. Wir reproduzieren Dinge auf identische Art und Weise: Wenn also ein Produkt versagt, wird es das andere auch tun. Behandeln Sie bei der Herstellung der Hardware alle Teile so wie Einzelstücke, die entscheidend für den Erfolg der Mission sind.*

*Nr. 100: Kommen Sie nie mit Ausreden – präsentieren Sie stattdessen einen umsetzbaren Aktionsplan.*

## ECSS-M Space Project Management
*Dr. Hannes S. Griebel*

Zur Vereinheitlichung von Verfahren in der Raumfahrt hat die ECSS (European Cooperation for Space Standardization) ein Regelwerk veröffentlicht, welches Prozesse und
Begriffe international vereinheitlicht. Die darin veröffentlichten Standards stellen sicher,
dass über große, international opererierende Teams hinweg das gemeinsame Verständnis von Vorgehensweisen und Begriffen sicher gestellt ist. Insbesondere Kontraktoren,
Experimentatoren, Behörden und Agenturen unterschiedlicher Länder können so, ohne
zusätzlichen Aufwand und trotz abweichender, hausinterner Regeln, Ausschreibungen
veröffentlichen oder auf solche bieten und leicht in europäische Kooperationsprojekte
integriert werden.
Die von der ECSS veröfentlichten Standards sind in folgende drei Haupt-Teile aufgeteilt:

Project Management (ECSS-M)
Product Assurance (ECSS-Q)
Engineering (ECSS-E).

Hinzu kommt ein übergeordneter Teil, ECSS-P, welcher die „Policy and Objectives", also
die Ziele der ECSS Richtlinien, beschreibt. Alle ECSS Veröffentlichungen teilen sich eine
einheitliche Dokumentenstruktur.
ECSS-M, der hier betrachtete Teil dieses Regelwerks, befasst sich mit Projektmanagement im Sinne der ICB und ist in folgende Bände unterteilt:

ECSS–M–20 Project Organisation.
ECSS–M–30 Project Phasing and Planning.
ECSS–M–40 Configuration Management.
ECSS–M–50 Information/Documentation Management.
ECSS–M–60 Cost and Schedule Management.
ECSS–M–70 Integrated Logistic Support.

Jeder dieser Bände ist circa 20 bis 30 Seiten stark, wobei jeweils über die Hälfte der Seiten der allgemeinen Information, Versionierung und Kontext-Erläuterungen dienen. Damit bleibt der inhaltliche Umfang dieses Regelwerks ausgesprochen knapp und auf das
Wesentliche konzentriert. Jeder Band ist für sich genommen als eigenständiger Leitfa-
den leicht verständlich anwendbar. Empfehlungen in der ECSS sind aufgeteilt in allgemeine Beschreibungen und konkrete Anforderungen. Jedes Kapitel Nr. 4 eines Bandes enthält
beschreibende Texte, zu denen in Kapitel Nr. 5 Anforderungen formuliert sind. Diese sind
im Stil von ingenieurstechnischen Anforderungen (Engineering Requirements) geschrieben,
und richten sich nach Regeln des „Requirement Engineerings and Managements". Jede An-
forderung ist als ein Satz formuliert, und nutzt die Worte „shall" und „should", um verbindliche
und optionale Anforderungen zu unterscheiden.

## Wurzeln

Die Standardisierung selbst ist jedoch nicht typisch europäisch. Bereits die NASA hat die aus dem Mond-Programm und den frühen Raketenprogrammen stammenden Prozesse und Begriffe für komplexe, weit verteilte und mit vielen Kontraktoren und Instituten durchgeführten Großprojekte standardisiert. Die dabei verwendeten Begrifflichkeiten haben zunächst in der westlichen Raumfahrt durch Nutzung einer gemeinsamen Sprache Einzug erhalten, jedoch haben nationale Raumfahrtbehörden und Industriebetriebe bald eigene, auf nationale Gepflogenheiten basierende Prozesse und Sprachnormen entwickelt. Diese griffen zwar die etablierten Standards auf, vermischten sie aber doch genügend mit lokalen Einflüssen, um Anpassungen oder besondere Schnittstellenvereinbarungen notwendig zu machen. Besonders bei der Französisch-Englischen Kooperation zur Entwicklung des Überschall-Linienflugzeugs „Concorde" führte alleine die Zusammenführung der unterschiedlichen Kulturen zu erheblichen Kosten und Projektverzögerungen. Die Entwicklung der „Europarakete", einer in den 1960er und 70er Jahren projektierten Raumtransportrakete, scheiterte unter anderem auch an gravierenden Mängeln in der Zusammenarbeit sowohl im Engineering- als auch Projektmanagement Bereich.

Obschon etablierte Methoden also generell ähnlich waren, wurde zu Beginn der 1990er Jahre offiziell anerkannt, dass die notwendigen Anpassungen bei internationalen Kooperationsprojekten sowie zwischen Behörden und Industrie zu erheblichen Kosten und Risiken führte. 1993 wurde daher die ECSS ins Leben gerufen und beauftragt, einen gemeinsamen Standard zu schaffen. Die beteiligten Körperschaften waren

- Agenzia Spaziale Italiana (ASI)
- Belgian Office for Scientific, Technical and Cultural Affairs (OSTC)
- British National Space Centre (BNSC)
- Centre National d'Etudes Spatiales (CNES)
- Canadian Space Agency (CSA)
- Deutsche Agentur für Raumfahrt (DARA, inzwischen Teil des DLR)
- European Space Agency (ESA)
- Norwegian Space Centre
- EUROSPACE (Zusammenschluss der Europäischen Raumfahrtindustrie)

Obwohl nicht alle ESA Mitglieds-Staaten teilnahmen, haben doch alle Mitgliedstaaten die Initiative der ESA sowie die Anwendung der ECSS Standards unterstützt.

Das resultierende Regelwerk basiert weitestgehend auf den durch die Teilnehmerländer sowie die gängige Praxis in der Raumfahrttechnik eingebrachten Vorgehensweisen, harmonisiert diese jedoch in ein kohärentes Gesamtwerk.Nationale Übersetzungen hiervon werden von nationalen Raumfahrtagenturen oder Behörden, z.B. der CNES in Frankreich oder dem DLR in Deutschland, herausgegeben. ECSS Standards werden aktiv weiter entwickelt und regelmäßig auf der ECSS Website veröffentlicht.

## Anwendung

Die ECSS Standards stellen für sich alleine kein verpflichtendes Regelwerk dar, und schreiben keine Umsetzungsmethoden oder Lösungsansätze vor. Sie beschreiben lediglich Anforderungen an Prozesse und Vorgehensweisen, welche, ob ihrer universellen Anwendung, die gemeinsame Verständigung fördern und Anpassungen von Regelwerken unterschiedlicher Projektbeteiligter eliminieren.

Die durch die ECSS formulierten Anforderungen werden erst dann verbindlich wirksam, wenn sich zwei Parteien auf deren Anwendung per Vertrag einigen. Hierzu sieht die ECSS auch Möglichkeiten der Vereinfachung vor, indem Anforderungen möglichst allgemein gehalten sind. So lassen sich die Vorgehensweisen auf verschiedene Projektgrößen anpassen. Beispielsweise gibt die ECSS-M-50 „Information and Documentation Management" nicht die exakte Art oder Gliederung der Projektdokumentation vor (wie zum Beispiel der MIL Standard MIL-STD 498 „Software Development and Documentation" des US Department of Defence), spezifiziert jedoch, wie damit umzugehen ist und welche Mindestanforderungen ein Dokumentationssystem erfüllen muss, um der ECSS-M-50 zu genügen. Ein ECSS-M-50 konformes Dokumentationssystem kann also ohne weiteres nach MILD-STD 498 verfasste Dokumente enthalten. Spezifiziert sind ebenfalls projektrelevante Bezeichnungen (Phasen, PBS und WBS Elemente) sowie die erforderlichen Mindest-Inhalte von ECSS kontrollierten Elementen.

Erleichtert wird durch die Einhaltung der ECSS Richtlinien ebenfalls die Integration von Teilprojekten, welche nach ECSS Richtlinien durchgeführt wurden, in große Gesamtprojekte. Selbst dann, wenn für kleinere Teilprojekte (z.B. Instrumentierung) eine angepasste Version verwendet wurde, da sicher gestellt ist, dass alle die gleiche „Sprache" sprechen (Projekt-Phasen gleich benannt sind, WBS nach dem gleichem Schema aufgebaut sind etc.).

Inzwischen hat der normative Einfluss des ECSS Referenzsystems auch die allgemeine Fachsprache geprägt. Projektmanagementhandbücher oder ähnliche Literatur sind daher in der Raumfahrtindustrie weitgehend nur noch Formsache, da die allgemein akzeptierte Referenz der ECSS dafür sorgt, dass erfahrene Raumfahrt-Fachleute nicht mehr zum Thema Projektmanagement (oder Systems Engineering) Grundsatzdiskussionen führen müssen. Wenn ein Deutscher Hersteller von Raumfahrzeugen mit einer ausländischen Regierungsbehörde Kontakt aufnimmt, um auf die Ausschreibung einer „Phase 0 Study" zu antworten, weiß bereits jeder, was damit gemeint ist und wie weiter vorzugehen ist.

### In der Praxis

Die Umsetzung der ECSS Vorgaben ist inzwischen weitgehend zum Standard-Vorgehen geworden. Hierdurch erleichtert sich die internationale Zusammenarbeit enorm, wenngleich auch die Umsetzung häufig nicht so konsequent gelingt, wie vorgesehen.

Bei der Anpassung der ECSS auf ESA-fremde Projekte, wie im Fall eines überwiegend

akademischen Entwicklungsvorhabens, ist deshalb Augenmaß angebracht, da eine Versteifung auf Regeln unter Vernachlässigung des menschlichen Elements und regionale Kulturen den gegenteiligen Effekt haben kann: Nämlich, dass den ECSS konformen Prozessen nicht die notwendige Disziplin entgegen gebracht wird, um das gewünschte Ziel zu erreichen.

Obgleich also das von der ECSS veröffentliche Referenzsystem die Arbeit erleichtert hat, gibt es doch immer noch deutliche Unterschiede auf der Arbeitsebene. Insbesondere zeichnet sich die ESA dadurch aus, bei ihren Zulieferern strenger auf eine ECSS gerechte Vorgehensweise zu achten, als bei sich selbst. Ein ESA Audit, der nicht selten im Haus eines Zulieferers durchgeführt wird, findet sehr schnell Abweichungen von Normen, die bei der ESA selbst regelmäßig zu Problemen führen.

Zulieferer beklagen sich zudem häufig über den teilweise drakonischen Zwang zur Buchstabentreue der ECSS Richtlinien, welcher insbesondere im Zusammenhang mit den enormen Dokumentationsanforderungen seitens der ESA bei kleinen Projekten zu einem überproportionalen Verwaltungsaufwand führt. In einem kleinen Projekt eine so hohe Anzahl von Dokumenten unter ECSS konformer Konfigurationskontrolle zu halten, führt zu erheblichen Schwierigkeiten seitens des Projekt-Teams, und hat nicht selten sogar zur Aufgabe kleinerer Teams geführt.

## Schwierigkeiten und Grenzen

Die ECSS Vorgaben sind nicht unendlich skalierbar, auch wenn sie zunächst den Eindruck erwecken. Der Versuch wurde auch dem Programm-Management des Technologie-Entwicklungsprogramm ARCHIMEDES zugrunde gelegt, und den besonderen Umständen des Programms angepasst. Jedoch konnte nicht an allen Stellen ECSS konform gearbeitet werden, da selbst generell gehaltene Anforderungen an vielen Stellen eine Disziplin erfordern, wie sie in vorwiegend akademischen Projekten nicht durchgehalten werden kann.

In der Tat lässt sich feststellen, dass auch die ESA selbst nicht alle ECSS Vorgaben permanent und konsequent umsetzten kann. Insbesondere beim Dokumenten- und Konfigurationsmanagement führt die ECSS konforme Verarbeitung (Konfigurationsmanagement, Zuordnung, Systempflege) zu einer Multiplikation des Verwaltungsaufwands. Ist der geforderte Dokumentationsaufwand bereits hoch (wie von der ESA gefordert), so ist der Aufwand durch ECSS-gerechte Umsetzung um eben diesen Faktor höher.

Gerade bei der ESA selbst werden auf Arbeitsebene Prozesse also abgekürzt. Da diese Tatsache wiederholt von den QA Abteilungen beanstandet wird, lässt sich feststellen, dass bei der Umsetzung der ECSS Richtlinien das menschliche Element nicht vergessen werden darf. Da der Flugbetrieb aber auch gerade wegen der Normung durch die ECSS auf internationaler Ebene funktioniert, ist offensichtlich eine übergenaue Anwendung gar nicht erforderlich, und Augenmaß bei der Strenge der Umsetzung gerechtfertigt.

## Im Vergleich zur ICB

Im vorliegenden Kontext ist es interessant, ECSS Vorgaben mit denen der ICB zu vergleichen. Dies stellt auch einen interessanten Bezug zu der Tatsache her, dass moderne Projektmanagement Methoden weitgehend im Rahmen früher Raumfahrtprogramme entwickelt wurden. Während die ECSS Richtlinien eine Standardisierung und Weiterentwicklung dieser Raumfahrtmethoden darstellen, beschreibt die ICB allgemeinere, inzwischen außerhalb der Raumfahrt etablierte Methoden.

Dabei ist festzustellen, dass die ICB deutlich über das Regelwerk der ECSS hinaus geht. Während die ECSS zwar sehr allgemein Anforderungen stellt, ist sie doch auf einen einzigen Industriezweig zugeschnitten. Darüber hinaus regelt die ECSS, wie auch schon aus dem Stil ihrer Formulierungen ersichtlich ist, ausschließlich technisches und methodisches Vorgehen, entsprechend der technischen Kompetenz im Kanon der ICB Kompetenzen. Anders als die ICB gibt die ECSS keine Lösungen oder Verfahren vor und kennt keine Kompetenz-Ebenen (wie etwa die IPMA Level des Projektmanagements). Ebenso wenig gibt es Verhaltens- oder Kontext Kompetenzen. Eine Führungskraft, welche scheu und ängstlich handelt, Entscheidungen nicht kommuniziert, Konflikten aus dem Weg geht und das Team weitgehend sich selbst überlässt, kann trotzdem ECSS konform handeln. Jedoch muss festgestellt werden, dass dies auch nicht das erklärte Ziel der ECSS ist. Im Gegensatz zur ICB ist die ECSS ein reiner Standard, ähnlich anderer Luft- und Raumfahrt Standards. ECSS konformes Projektmanagement in der Methodik und Technik kann aber ebenfalls ICB konform sein. Und obgleich die ECSS Normen aus der Raumfahrt stammen, sind sie doch allgemein genug gehalten, um sie auch in anderen Bereichen anwenden zu können. Das Regelwerk der ECSS kann also als gute Grundlage für die Einführung einer ICB Konformen Projektmanagement Philosophie gelten, und ist als solche auch deshalb geeignet, weil sie bereits gut dokumentiert ist, viel Erfahrung im Umgang damit herrscht und die eindeutig formulierten Regeln leicht angepasst werden können.

**Dr. Hannes Stephan Griebel**
Zertifizierter Senior Projektmanager IPMA Level B

Hannes Griebel hat an der TU Braunschweig Maschinenbau und an der TU München Raumfahrttechnik studiert, um anschließend an der Universität der Bundeswehr München zum Thema Raumfahrtsysteme und aufblasbare Hyperschall-Brems-Körper zu promovieren.

Durch Aufbau und Leitung eines internationalen Technologie-Entwicklungsprogramms für eine neuartige interplanetare Raumsonde, sowie durch seine Tätigkeit als Missionsplaner und Flugbetriebs-Koordinator für die ESA Sonde Mars Express sammelte Hannes Griebel seine Erfahrung im Bereich Programm- und Projektmanagement, neben seiner Tätigkeit als Forscher und Systemingenieur.

Hannes Griebel ist derzeit beschäftigt als Systems Engineering Manager bei dem französischen Luft- und Raumfahrtkonzern Thales.

### Dr. Martina Albrecht
Zertifizierte Senior Projektmanagerin IPMA Level B

Martina Albrecht verantwortete In den 1990-iger Jahren technische Fachübersetzungen aus dem Russischen ins Deutsche von Handbüchern zur Hauptinstandsetzung von Militärflugzeugen sowie umfangreiche Dolmetschereinsätze für Firmen wie DASA, MAPS, MTU und das BMVg.

Ab 2000 leitete sie Projekte und Programme im IT-Dienstleistungsbereich und entwickelte als Mitarbeiterin einer Internen Revision Standards für projektbegleitende Prüfungen. Sie engagiert sich als Lehrbeauftragte im PM und entwickelt seit 2011 mit der PM POCKET Produktgruppe Lehrmaterialien für die Vermittlung von PM-Methoden.

Seit 2006 ist sie als Assessorin der PM Zert involviert in die Zertifizierung von Projektleitern. Sie ist Mitglied der GPM und der DGLR und stv. Leiterin der Fachgruppe „PM in der Luft- und Raumfahrt".

### Robin Mitchell
Die Übersetzung wurde von dem Konferenzdolmetscher und Übersetzer Robin Mitchell angefertigt.

Als Sohn eines schottischen Vaters und einer deutschen Mutter wuchs er zweisprachig in Deutschland auf. Er lebt und arbeitet in Berlin.

Einen Bezug zum Thema dieses Buches erwarb Robin Mitchell als er fünf Jahre lang einen amerikanischen Unternehmensberater bei seiner Arbeit für Mercedes Benz in Stuttgart sprachlich unterstützte.

### Barbara Bättig
Eidgenössisch diplomierte Grafikerin

Barbara Bättig hat das Corporate Design der ©PM POCKET Produktfamilie entwickelt und grafisch umgesetzt sowie die Produktion gesteuert.

Barbara Bättig legte dabei einen besonderen Wert auf den ganzheitlichen Ansatz der ©PM POCKET Produktfamilie und deren Wiedererkennbarkeit. Die Qualität des Designs soll einen eigenen Beitrag dazu leisten, dass Nutzer der ©PM POCKET Produkte diese gern einsetzen und einen spielerischen Zugang erhalten zur Beschäftigung mit Projektmanagement.

**ISBN 978-3-84-825911-3**
Titel registriert im „Verzeichnis lieferbarer Bücher (VLB)"

**Herausgeber**
Dr. Martina Albrecht, www.pm-pocket.de

**Herstellung und Verlag**
BoD – Books on Demand, www.bod.de

**Konzept und Gestaltung**
Barbara Bättig, www.mischen-berlin.de

**Illustration**
Stephan Ulrich, www.malmann.com

**Übersetzung**
Robin Mitchell

Bibliografische Information der Deutschen Nationalbibliothek